# हार का जशन मनाएंगे



अमन तिवारी

Made with ♥ on the Notion Press Platform
www.notionpress.com

"कर्मण्येवाधिकारस्ते मा फलेषु कदाचन"

# क्रम-सूची

# क्रम-सूची

# क्रम-सूची

# क्रम-सूची

किनारे पर खड़े होकर समंदर कौन मापेगा?
उठो, अब मौज की बाहों में ढलना सीख लेते हैं।

## उठो, अब मौज की बाहों में ढलना सीख लेते हैं।

# प्रस्तावना

आज के समय हर दूसरा व्यक्ति सफलता का विशेषज्ञ है। जिसने सफलता प्राप्त कर ली है, वह उसके सूत्र बता रहा है। जिसने सफलता प्राप्त नहीं की है, वह सफलता प्राप्त करने के सूत्रों पर वीडियो बना रहा है। जिसने न सफलता प्राप्त की है और न वीडियो बनाए हैं, वह सफलता प्राप्त करने वालों पर प्रतिक्रिया दे रहा है। कुल मिलाकर, सफलता का बाज़ार गर्म है और हार बेचने वाली कोई दुकान नहीं है।

किसी भी पुस्तकालय में "सौ सफल लोगों की आदतें" नामक पुस्तक मिल जाएगी, लेकिन "सौ असफल लोगों की ईमानदार स्वीकारोक्तियाँ" नामक पुस्तक मिलने की संभावना बहुत कम है क्योकि हर व्यक्ति सफलता की कहानी सुनना चाहता हैं, संघर्ष की नहीं। हर व्यक्ति परिणाम देखना चाहता हैं, प्रक्रिया नहीं। यह कुछ वैसा ही है जैसे किसी वृक्ष पर लगे फल देखकर उसकी प्रशंसा करना और जड़ों को पूरी तरह भूल जाना।

समस्या यह नहीं है कि हम जीत का सम्मान करते हैं। समस्या यह है कि हम हार को अपमान समझ लेते हैं, जैसे हार कोई अपराध हो या मनुष्य के चरित्र का प्रमाणपत्र हो। मुझे यह बात बहुत अजीब और पेचीदगी से सनी हुई लगती है कि लोग गिर जाने को चलने की कोशिश करने से बड़ा दोष मानते है। यदि हार इतनी बुरी चीज़ होती, तो प्रकृति इसे इतना उदारतापूर्वक वितरित न करती। प्रकृति तो किसी ना किसी तरह किसी ना किसी रूप में हर व्यक्ति को समय-समय पर इसका अनुभव कराती रहती है। कोई परीक्षा में हारता है, कोई व्यापार में, कोई प्रेम में, कोई अपेक्षाओं में, और कुछ लोग तो स्वयं से ही हार बैठते हैं।

मनुष्य जब जीतता है, तो कहता है "मेहनत रंग लाई" और जब हारता है, तो कहता है "समय खराब था।" जीत का श्रेय वह स्वयं ले लेता है और हार

की ज़िम्मेदारी परिस्थितियों को सौंप देता है।अपनी सफलताओं की तस्वीरें दीवार पर टाँगता है और असफलताओं को स्मृतियों के अँधेरे कमरे में बंद कर देता है, जबकि जीवन की सबसे मूल्यवान शिक्षाएँ अक्सर उसी अँधेरे कमरे से निकलती हैं। जीत आत्मविश्वास देती है और हार आत्मपरीक्षण। मुझे पूर्ण विशवास है कि आत्मपरीक्षण ने मनुष्य को आत्मविश्वास की तुलना में अधिक बदला है।

हमने सभ्यता के साथ एक बहुत अजीब समझौता कर लिया है कि हम हार को छिपाते हैं, दबाते हैं, और कभी-कभी उससे शर्म भी महसूस करते हैं जबकि हार का वास्तविक स्वरूप कुछ और ही है। हार वह आईना है जिसमें मनुष्य अपने भ्रमों को पहली बार बिना सजावट के देखता है।

इस पुस्तक का उद्देश्य हार का गुणगान करना नहीं है। हार अपने आप में कोई महान वस्तु नहीं है। यदि ऐसा होता, तो दुनिया का सबसे बुद्धिमान व्यक्ति वह होता जो हर काम में असफल हो जाए। बात हार की नहीं बल्कि उस मनुष्य की है जो हार के बाद भी उठ खड़ा होता है, उपहास सुनने के बाद भी अपने सपनों से विश्वासघात नहीं करता।

यह पुस्तक उन्हीं लोगों के नाम है। उन लोगों के नाम जो कभी-कभी थक जाते हैं, लेकिन रुकते नहीं। जो टूटते हैं, लेकिन बिखरते नहीं। जो रोते हैं, लेकिन सपने देखना नहीं छोड़ते। इन कविताओं में आपको कोई अंतिम सत्य नहीं मिलेगा। यहाँ सिर्फ जीवन को समझने के कुछ प्रयास हैं, कुछ प्रश्न हैं, कुछ कल्पनाएँ हैं, कुछ अनुभव हैं और कुछ ऐसी बातें हैं जिनसे आप सहमत भी हो सकते हैं और असहमत भी।

वैसे असहमति का स्वागत है क्योंकि यदि इस पुस्तक की हर बात से आप सहमत हो गए, तो या तो पुस्तक बहुत साधारण है या फिर आपने उसे पर्याप्त ध्यान से नहीं पढ़ा। संभव है इन कविताओं में आपको कहीं अपना अतीत दिखाई दे, कहीं अपना वर्तमान और कहीं वह भविष्य जिसकी आप

अभी केवल कल्पना कर रहे हैं और यदि ऐसा हुआ, तो यह पुस्तक अपना काम कर चुकी होगी। इस पुस्तक में "हार का जश्न" मनाने का अर्थ पराजय का उत्सव नहीं है। यह उस साहस का सम्मान है जो गिरने के बाद भी रुकता नहीं। यह उस धैर्य का सम्मान है जो असफलता के बाद भी अपने सपनों से मुड़ता नहीं। यह उस यात्रा का सम्मान है जो परिणाम से नहीं, प्रयास से परिभाषित होती है।

अंत में, मैं केवल इतना कहना चाहता हूँ कि यदि जीवन ने आपको कभी हराया है, तो निराश मत होइए।
आप किसी विशेष क्लब के सदस्य नहीं हैं।
आप केवल मनुष्य हैं।
और मनुष्य होने का अर्थ ही है कभी जीतना, कभी हारना, कभी सीखना, और फिर एक बार फिर से प्रयास करना।
यदि हम इतिहास के पन्नों को पलटें, तो पाएँगे कि हर महान परिवर्तन किसी न किसी हार की राख से ही जन्मा है।
हार कोई अपमान नहीं है।
हार एक पुनर्निर्माण की प्रक्रिया है।

- अमन तिवारी

# दो शब्द

समस्या यह है कि दो शब्दों में बात कभी पूरी नहीं होती।
यदि सचमुच दो ही शब्द लिखने होते, तो शायद मैं लिख देता
"पढ़ लीजिए।"

सफलता की आवाज़ बहुत तेज़ होती है, लेकिन संघर्ष की आवाज़ लगभग हमेशा मौन रहती है। लोग जीत के मंच देखते हैं, पर उन सीढ़ियों को नहीं देखते जिन पर चढ़ते हुए किसी ने अपने घुटनों से खून बहाया होता है। इस पुस्तक का नाम पढ़कर कुछ लोगों को भ्रम हो सकता है कि यह पुस्तक पराजय का उत्सव मनाने के लिए लिखी गई है। कुछ लोग यह भी सोच सकते हैं कि लेखक ने जीवन में इतनी हारें देख लीं कि अंततः उसने उनसे मित्रता कर ली और कुछ समझदार लोग यह निष्कर्ष भी निकाल सकते हैं कि जब जीत का जश्न सब मना रहे हैं, तो लेखक ने सोचा होगा कि भीड़ से अलग चलने में ही भलाई है। सच पूछिए तो इनमें से कोई भी बात पूरी तरह गलत नहीं है।

हम ऐसे समय में जी रहे हैं जहाँ हर कोई जीतना चाहता है। कई सारी पुस्तकें मिल जाएँगी जो सफलता के सूत्र बताती है, अनेक प्रेरक वक्ताओं के भाषण मिल जाएंगे जो जीतना सिखाते है, यहाँ तक कि जो स्वयं अभी तक नहीं जीते वे भी दूसरों को जीतने के सूत्र बाँट रहे हैं जैसे की मैं।

जो जीतता है, उसके साथ तस्वीरें खिंचवाई जाती हैं। जो हारता है, उसे सलाहें दी जाती है, उसके संघर्ष की कहानी लिखी जाती है , उसके निर्णयों की समीक्षा की जाती है। जो जीतता है, वह प्रेरणा बन जाता है। ऐसे वातावरण में हार बहुत अकेली चीज़ हो जाती है मुझे हमेशा लगा कि यह हार के साथ थोड़ा अन्याय है क्योंकि जीवन में मैंने जितना सीखा

है, उसका बड़ा हिस्सा जीत से नहीं, हार से प्राप्त हुआ है। जीत ने जहाँ आत्मविश्वास दिया, हार ने आत्मज्ञान दिया। जीत ने तालियाँ दीं, हार ने प्रश्न दिए और कई बार प्रश्न, तालियों से अधिक उपयोगी सिद्ध हुए। यह पुस्तक हार का महिमामंडन नहीं करती। यह केवल इतना कहती है कि यदि हार जीवन का हिस्सा है, तो उसके बारे में बात भी होनी चाहिए। उसे केवल छिपाया, दबाया और भुलाया ही क्यों जाए?

इन कविताओं में आपको हार मिलेगी, लेकिन निराशा नहीं। संघर्ष मिलेगा, थकान मिलेगी लेकिन रुक जाने की सलाह नहीं मिलेगी। इन कविताओं को आप जिस दृष्टि से पढ़ेंगे, यह आपको उसी रंग में दिखाई देगी। यदि आप संघर्ष में हैं, तो शायद यह आपका साथी बन जाए। यदि आप हार से गुजर रहे हैं, तो शायद यह आपके कंधे पर हाथ रख दे। और यदि आप जीत चुके हैं, तो संभव है यह आपको याद दिलाए कि रास्ते में कितनी हारों ने आपकी मदद की थी। मैंने कभी यह प्रयास नहीं किया कि संसार को एक ही चश्मे से देखूँ। जीवन जब जिस रूप में मिला, उसे उसी रूप में समझने और कहने की कोशिश की इसलिए यदि आपको इस पुस्तक में कहीं आशा मिले और कुछ पन्ने बाद निराशा, कहीं हार का सम्मान मिले और कहीं जीत पर प्रश्न, तो घबराइएगा मत, जीवन स्वयं इतना सीधा नहीं है।

बहरहाल अगर आप पढ़ते पढ़ते यहाँ तक पहुँच गए हैं और आगे भी इस किताब को पढ़ने का मन बना चुके है और आगे पढ़ते हुए आपको कविताएँ पसंद आ जाएँ, तो उसका श्रेय आपकी उदारता को जाएगा और यदि न आएँ, तो मैं उसके लिए पहले से क्षमा प्रार्थी हूँ। यदि भूमिका पढ़ने के बाद भी आप मेरे "दो शब्द" पढ़ने का साहस कर चुके हैं , तो उसके लिए मैं आपका आभारी हूँ।

मुझे लगता है अब "दो शब्द" बहुत हो गए।

आइए, पन्ना पलटते हैं।

पतझड़ की धूप शाख़ों को
भले ही बेजान कर दे,
मगर जड़ों में छुपा जो हौसला है,
वो बहारें ज़रूर लाएगा।

# 1. कोशिश करते रहना

गिरकर ज्यों उठता है बालक वैसे उठते रहना
जब कभी हारो तो फिर से कोशिश करते रहना
विचलित जब जब हो मन तब तब ढाढस बांधे रहना
धैर्य से तब काम लेना कोशिश करतें रहना

ज़िंदगी की लय कभी भी एक सी नही चलती
ज़िंदगी भी यहां सभी को एक सी नही मिलती
दौड़ ना सको तो तुम बस धीरे चलते रहना
लेकिन कदम बढ़ाते रहना कोशिश करते रहना
गिरकर ज्यों उठता है बालक वैसे उठते रहना
जब कभी हारो तो फिर से कोशिश करते रहना

आदमी को चाहिए की वक्त को वो भांप ले
पास में है कितनी चादर ठीक उसको नाप ले
पर समझदारी से बाहर पैर करते रहना
जब कभी हारो तो फिर से कोशिश करते रहना
गिरकर ज्यों उठता है बालक वैसे उठते रहना
जब कभी हारो तो फिर से कोशिश करते रहना

# 2. भाया नहीं

मुश्किलों से डर के झुक जाना हमें भाया नहीं,
आँधियों के सामने रुक जाना हमें भाया नहीं।

रास्ते में काँच बिखरे हैं तो क्या डरना भला,
मंज़िलों से पहले थक जाना हमें भाया नहीं।

हम समंदर की लहर हैं, चीर देंगे हर शिला ,
साहिलों पे ही ठहर जाना हमें भाया नहीं।

आँख में जुगनू चमकते और दिल में आग है,
स्याह शब के डर से बुझ जाना हमें भाया नहीं।

आसमाँ को चूमने का ख़्वाब देखा है अमन,
पंख हैं फिर भी ना उड़ पाना हमें भाया नहीं।

# 3. परों को खोल

यही वक्त है उड़ान का
परों को खोल
डर की गिरफ़्त से निकल,
ज़मीन की आदत छोड़,
हवा का रुख देख
और अपने परों को खोल
हर झोंका ख़िलाफ़ नहीं,
कुछ हवाएँ साथ देने भी आती हैं,
जिन परों में सपने होते हैं
उन्हें आसमान तक ले जाती हैं।

# 4. फूल खिल चुका है

फूल खिल चुका है,
अब उसे किसी की अनुमति की ज़रूरत नहीं।
वो अपनी ख़ुशबू का प्रमाण नहीं देता,
बस महकता है।

जो सच में खिल जाते हैं,
वे शोर नहीं करते।
उनकी मौजूदगी ही
उनकी पहचान बन जाती है।

जो सच में खिल जाते हैं,
उन्हे खुद नहीं पता होता
कि उनकी ख़ुशबू
कितनी दूर तक जा रही है।

# 5. प्रयास

किस बात का दुख है तुम्हें
असफलता ही तो है
इसे भी एक पड़ाव जानो
जो हासिल हुआ है
वो तुम्हारे वश में नहीं है

न सफलता आख़िरी मंजिल है
न असलफता आख़िरी सांस
दोनो के ज़रूरी है एक प्रयास
जो तुमने किया

दोनो के बाद भी ज़रूरी होगा
और जारी रखना होगा
लगातार प्रयास का ये क्रम

# 6. परिचय

आज कलम उठाओ,
या बैठो आईने के सामने,
और करो कोशिश
खुद से बात करने की।

बहुत समय से तुमने
दुनिया को जवाब दिए हैं,
कभी अपनों को, कभी गैरों को,
पर क्या कभी अपने मन की भी सुनी?

ज़रा ठहरो,
और उन सवालों को आवाज़ दो
जो बरसों से तुम्हारे भीतर
चुपचाप बैठे हैं।
पूछो खुद से,
क्या वही हो जो दुनिया देखती है?
या फिर कहीं और भी एक शख़्स है,
जो भीड़ के शोर में खो गया है?

काग़ज़ पर उतरने दो
अपने डर, अपनी उम्मीदें,
अपने टूटे हुए सपने,
और अधूरी ख्वाहिशें।

जब इंसान
खुद से सच बोलना सीख जाता है,
तब उसे किसी आईने की ज़रूरत नहीं पड़ती।

क्योंकि आत्मा का सबसे सुंदर सफ़र
दुनिया की ओर नहीं,
खुद की ओर जाता है।

तुम सिर्फ़ वो नहीं हो
जो हालात ने बना दिया,
तुम वो भी हो
जिसे तुम्हारे सपनों ने गढ़ा है।

आज कलम उठाओ,
या बैठो आईने के सामने,
क्योंकि कई बार
ज़िंदगी का सबसे ज़रूरी परिचय
खुद से शुरू होता है।

# 7. अल्प विराम

तुम्हें पूर्ण विराम, क्यूं बनना है?
जब तुम अल्प विराम होते हुए भी
अपने आप में पूर्ण हो
और अपनी विशिष्ट महत्ता रखते हो।

# 8. आत्मविश्वास

हमारी
सबसे बड़ी समस्या यह है
कि हम अपनी पूरी ज़िंदगी
खुद को
बेहतर साबित करने में
झोंक देते हैं या फिर
लोगों को प्रभावित करने में

खुद को बेहतर.करने में
किए गए प्रयास,
खुद को
बेहतर साबित करने की तुलना में
किए गए प्रयासों से
कम रह जाते हैं

यही वजह है कि हममें
आत्मविश्वास
पैदा नहीं हो पाता

# 9. कल क्या होगा ?

हर दिन एक नई दौड़
आने वाले कल की फिक्र
और बीते कल का शोक
और
एक सवाल चारों तरफ से
घुमड़ घुमड़ के जहन में आता है

कल क्या होगा ?

वो कल
जो कल नसीब होगा भी
या नहीं हम नहीं जानते
और तबाह कर देते है
अपने आज को
जो जिया जा सकता था

अगर हम अपना आज
सही से जीते तो शायद
आने वाला कल बेहतर ही होता

आज को जीने से
हमारा गुज़रा हुआ कल भी
हम पर पछतावों का बोझ न बनता

आज को जीने की आदत से
हमारा कल जब आज बनेगा
हम उसे भी जी पाएंगे

कल क्या होगा ?

कल सिर्फ़ ज़िंदगी होगी
हंसती, मुस्कुराती
सुलझी हुई ज़िंदगी
मगर उसके लिए
हमें आज जीना पड़ेगा

# 10. पहचान लेंगे

रिश्तों की आड़ में ठगे गए हैं
अब ये आंच खुद तक आने नहीं देंगे
जब भी कोई करेगा
हमसे मुहदिखी बातें
हम उसकी असल सूरत
पहचान लेंगे

# 11. मुस्कुराहट

मुस्कुराहट
बेवजह आए
या फिर
किसी वजह से

मुस्कुराहट

जब भी आती है
ज़िंदगी को
इत्र सा महका देती है

इसलिए

मुस्कुराने के बहाने
ढूंढने से बेहतर है
बिना किसी वजह के ही
मुस्कुरा लिया जाए

और
अपनी खुशबू को
बिखरने का
मौका दिया जाए

# 12. सीख लेते हैं

मुक़द्दर की लकीरों से उलझना सीख लेते हैं,
चलो तूफ़ान के रुख़ को बदलना सीख लेते हैं।

ज़मीं छोटी लगे तो आसमाँ पर पाँव रक्खेंगे,
हवा के पर कतर कर हम मचलना सीख लेते हैं।

कठिन राहों में अक्सर पाँव के छाले ये कहते हैं,
गिरे गर राह में तो फिर संभलना सीख लेते हैं।

किनारे पर खड़े होकर समंदर कौन मापेगा?
अमन उठ, मौज की बाहों में ढलना सीख लेते हैं।

# 13. हल्कापन

हल्की चीज़े आसानी से
तैरने लगती है

हल्की चीज़ें आसानी से
उड़ सकती हैं

हल्का भोजन आसानी से
पाच्य है

लेकिन
किरदार में हल्कापन,
विचार में हल्कापन
ना ही असरदार होता है
और न ही होती है
उसमे कोई कशिश

# 14. हार का जशन मनाएंगे

कुछ हैं अधूरे ख़्वाब, कुछ हैं पूरे ख़्वाब
उम्र कम पड़ जायेगी, हमारे इतने सारे ख़्वाब

कुछ होते हैं जो अड़ जाते
अपने स्वपन की चाह में
है ज़हन मे आग हमारे
निकल पड़े हम राह में

देख लेंगे सुलझ लेंगे
हम सारे व्यवधान से
लेकिन सुलह नहीं होगी
अब कोई इम्तिहान से

न मिले मंजिल पर अपना
सपना तो जी जाएंगे
झूठी हंसी हंसने से बेहतर
हार का जशन मनाएंगे

ख़्वाब सभी सच करना है
तो करना होगा अथक प्रयास
लेकिन टूटा स्वप्न कभी तो
उसपर होना नही निराश

# 15. रुकना नहीं है

चलते रहना
रुकना नहीं है
किसी भी हाल में
थमना नही है

तेज़ न सही
आराम से,
इत्मीनान से,
सफ़र का जायज़ा लेते हुए

धीरे धीरे
इक इक क़दम रखो
मगर
चलते रहो
रुकने का अर्थ है
समय व्यर्थ करना
चलते रहना मतलब
खुद से मंज़िल का फासला घटाना

# 16. प्रयास

जीत
सिर्फ लक्ष्य की
प्राप्ति नहीं होती
बल्कि
जीत होती है
लक्ष्य की तरफ़
उठाया गया
हर मजबूत क़दम

# 17. इबादते ज़ीस्त

कितना कोसा है आज फिर तुझे ऐ ज़िंदगी
रोज़ धिक्कारा है मैंने तेरी सभी इनायत को
जब देखा मैंने मुझसे भी गए गुजरे हैं यहां
तुझे सजदा अब देखना मेरी इबादत को

# 18. तुमसे कोई नहीं पूछेगा

तुमसे कोई नहीं पूछेगा
तुम्हारे हाल के बारे में
तुम्हारी मनोदशा के बारे में

तुमसे कोई नहीं पूछेगा
नींद आती है की नहीं या
आखिरी बार गहरी नींद
तुम कब सोए

तुमसे कोई नहीं पूछेगा
की तुम क्या चाहते हो
तुम्हें क्या पसंद है
क्या अच्छा लगता है
क्या नही भाता

तुमसे कोई नहीं पूछेगा
तुम्हारी राय,
किसी को नहीं चाहिए
तुम्हारे मशवरे
जब तुम
संघर्ष के दौर में होते हो
या
असफल

# 19. चमक

कोई डर की चादर ओढ़े बैठा रहता है,
कोई असफलताओं से ही हार मान जाता है।

कोई उम्र भर दूसरों जैसा बनने में लगा रहता है,
और कोई खुद को पहचानकर जगमगा जाता है।

सूरज बनने की क़ाबिलियत तो कईयों में होती है,
मगर अंधेरों से लड़ना सबको नहीं आता।

चमक सभी में है अपनी-अपनी मगर,
अपनी चमक बिखेरना सबको नहीं आता।

# 20. समय के साथ साथ

बदलने
और बदलते रहने
का नाम ही
समय है

अपनी ऊर्जा
और समय के बीच
सामंजस्य रखने से
हमारे जीवन में
वो सभी बदलाव
संभव हैं
जो हम चाहते हैं

समय हमसे
कुछ न कुछ
छीनता रहता है
और
समय समय पर
कुछ नया दे जाता है

ये कालचक्र
हमारी गिरफ्त में
कभी नही आने वाला
और ना ही ये थमने वाला

बेहतरी इसी में है
कि इसके बढ़ते क्रम के साथ
बढ़ा जाए
और
परिवर्तन की
इस सतत प्रक्रिया में
अपनी ऊर्जा की आहुति देकर
अपना जीवनचक्र प्रभावित किया

नए अनुभवों को संजोते हुए
पुरानी गलतियों से सीखते हुए
समय के साथ साथ
सतत आगे बढ़ा जाए

# 21. संतुलन

समय के साथ
हम अनुभवी तो हो जाते हैं
संजिदगी आ जाती है

लेकिन
कहीं न कहीं
हम अपनी भावनाओं से,
खुले अंदाज़
और बेबाकपने से
हाथ धो बैठते हैं

ये कहीं खो सा जाता है
हमे चाहिए
कि हम अपना असल रंग
बरकरार रखें
इसपे अनुभव की बाहरी परत
ना जमने दें

हमें चाहिए
कि हम संतुलन खोजें
अनुभव और अपने
असल के बीच

# 22. कर्म धुन

भाग मत नियति से अपनी
कर्म कर बदलेगी यह
सारथी बन खुद का तू ही
और बदल दे अपनी लय

हां गिरा है आज़ तू
हां ठीक है ठोकर लगी
है समय की बात ये तो
इसकी चिंता कर नहीं

है बदलता काल भी
ना ये रहेगा एक सा
शाम का सूरज ढला है
तब उगा है भोर का

आज जो भी प्राप्त तुझको
है कई की लालसा
व्यर्थ तुलना कर रहा है
तू भी अपने हाल का

देख नित रत कर्म है तू
देख मंगल है निकट
देख कितना है निडर तू
थी परिस्थियां विकट

मोड़ना है भाग्य रेखा
लिखना है जो खुद इसे
है बीज मंत्र इसका
कर्म करना है तुझे

# 23. ऐसा तो नहीं

सिर्फ़ जीत ही ज़रूरी हो ऐसा तो नहीं
या हारना कमज़ोरी हो ऐसा तो नहीं

हर क़दम पे ज़िंदगी ली परीक्षा तूने खूब
मेरी ही मजबूरी हो ऐसा तो नहीं

ठीक है इस बार फिर तूने मुझको मात दी
फिर से बारी तेरी हो ऐसा तो नहीं

जज़्बा मेरा ज़िंदा है और हौसला है बुलंद
मैंने हार मानी हो ऐसा तो नहीं

# 24. हासिल को सराहा जाए

आखिर तुम क्यूं उदास हो ?
ये मायूसी किस लिए है ?
जो तुम्हें अभी हासिल है
क्या वह किसी से कम है ?

अपनी आंखों से
ज़रा चारों तरफ
नज़र दौड़ाकर तो देखो

ना जाने ऐसे कितने हैं
जिनका ख़्वाब,
तुम्हारी हक़ीक़त से
मेल खाता है ।
इसलिए

अपने जीवन को
कोसने से तो बेहतर है
अपने हासिल को सराहा जाए
और अपनें ख्वाबों की तरफ़
एक मुस्कान के साथ
बढ़ा जाए ।

# 25. तब याद रखना

जब अपने सपनों का बोझ कंधों पर होता है,
दिन भारी हो जाते हैं,
रातें सदियों सी लंबी लगने लगती हैं।
कहने को बहुत कुछ होता है,
पर सुनाए किसे?

दुनिया आगे बढ़ती दिखती है,
और अपने क़दम ठहरे लगते हैं।
चेहरे पर मुस्कान लेकर सबसे मिलते हैं,
पर भीतर सिर्फ़ आँसू बहते हैं।

तब याद रखना....

तुम्हारी तन्हाई तुम्हारी दुश्मन नहीं,
ये तुम्हें तुम्हारी ताक़त से मिलाने आई है।
ये ख़ामोशी तुम्हें तोड़ने नहीं,
बल्कि तुम्हें तुम्हारे भीतर की गूँज सुनाने आई है।

जो रास्ते आज वीरान हैं,
कल इन्हीं पर कारवाँ चलेंगे,
जो ज़ख्म आज चुपचाप सह रहे हो,
कल वही तुम्हारी पहचान गढेंगे।

# 26. तुम यूनिक हो

तुमने खुद को
ठीक से जाना नहीं
तुम अपनी राह का पत्थर
ख़ुद ही बन रहे हो

अपनी शक्ति को
क्षीण करने वाले
तुम ही हो

तुम खुद को
ऐसे तराज़ू पर
तौल रहे हो

जिसके बांट
तुम्हारे वजन से
कभी ज्यादा है
तो कभी कम

तुम्हारी क्षमता
किसी से कम या ज़्यादा
हो सकती है

लेकिन समझ इस बात में है

कि तुम जानते हो तुम में क्षमता है

किसी से अपनी तुलना
तुम्हे हल्की लगे
या किसी से तुम खुद को
ज्यादा आंकों
तो मूर्ख हो तुम
पर
जब तुम्हें
सही समझ आ जाएगी
तब तुम्हें पता चलेगा
यूनिक है
तुमसे बेहतर भी

यूनिक है
तुमसे कमतर भी

और
यूनिक हो
तुम भी !

# 27. जब कोई साथ नहीं

तबं मत घबराना,
जब कोई साथ नहीं,
कई सफ़र अकेले ही तय होते हैं,
जो लोग इतिहास लिखते हैं,
वे अक्सर भीड़ से दूर होते हैं।

थक जाओ तो कुछ पल रुक जाना,
मगर अपने सपनों से मुँह मत मोड़ना,
क्योंकि अँधेरी रातों की एक कमज़ोरी है
वे सूरज को आने से
रोक नहीं सकतीं।

# 28. कल से बेहतर

जब तुम रोज़ थोड़ा-थोड़ा
अपने ही कल से बेहतर बनने लगते हो,
तब तुम्हें किसी प्रमाण की
ज़रूरत नहीं रहती।

आत्मविश्वास अचानक नहीं आता,
वह हर उस छोटे वादे से जन्म लेता है
जो हम खुद से करते हैं
और निभा देते हैं।

# 29. समय की भट्ठी

तुम
अभी हार नहीं रहे,
तुम बस
उस कहानी का
हिस्सा हो
जिसे समय
बड़े धैर्य से लिख रहा है।

समय की भट्ठी में तपना
आसान नहीं होता,
पर सोना भी
निखरने से पहले
आग से होकर गुज़रता है।

जब सब कुछ
बिखरा-बिखरा सा लगे,
तो इसे अंत मत समझो,
कई बार
निर्माण की प्रक्रिया भी
विनाश जैसी
दिखाई देती है।

# 30. शोर

शोर बहुत है तुम में, इसे बाहर आने दो
हालांकि कोई भी इसे,
सुनना नही चाहेगा
और न ही तुम्हे, किसी को ये सुनाना चाहिए
मगर फिर भी रोको मत इसे
इसे बाहर आने दो

आंसू बनकर,
कलम की स्याही बनकर,
या जुनून बनकर
जैसा भी आना चाहे
बाहर आने दो इसे
शोर को जितना दबाओगे
उतना ही ये बढ़ता जायेगा

इसे खुलकर बहने दो लहू में
बनने दो लहू में उबाल का कारण
ये शोर भी तुम्हारी ही ऊर्जा है
एक ऐसी ऊर्जा
जिसे तुम
अपनी आवाज बना सकते हो
वजह ए परवाज बना सकते हो

# 31. मैं बन रहा था

हर तरफ़
धुंध सी छाई थी,
और मंज़िल कहीं दिखाई नहीं देती थी,
मेहनत के बदले
सिर्फ़ इंतज़ार मिलता था,
और उम्मीद भी थकी हुई लगती थी।

जब रातों को नींद नहीं,
सिर्फ़ फ़िक्र साथ होती थी,
और सुबह भी किसी
अधूरे सवाल सी
दिल के दरवाज़े पर खड़ी होती थीं।
तब भी कहीं भीतर
एक छोटी सी लौ जलती रही,
धीमी थी, मगर बुझी नहीं,
थकी थी, मगर रुकी नहीं।
समय मुझे गिरा गिराकर,
संभलना सिखा रहा था,
हर ठोकर के साथ
थोड़ा और मज़बूत बना रहा था।

जो आँसू
उस दौर में बहे थे,
आज वही मुस्कान की वजह हैं,

जो रास्ते कभी काँटों से भरे थे,
आज वही मंज़िल तक
पहुँचने का सबूत हैं।

अब
पीछे मुड़कर देखता हूँ,
तो हर दर्द का
अर्थ समझ आता है,
हर तन्हा रात का
धन्यवाद करने को
दिल बार-बार लौट जाता है।

वो दिन
मेरी हार के नहीं थे,
वो दिन
मुझे मेरे बेहतर रूप में ढाल रहे थे।
मैं टूट नहीं रहा था,
मैं अपनी पहचान गढ़ रहा था।
मैं बिखर नहीं रहा था,
मैं बन रहा था।

# 32. सुकून

समंदर तक पहुँचने वाले रास्ते
कभी सीधे नहीं होते,
मगर जो बहते रहते हैं,
वे एक दिन पहुँच ही जाते हैं।

डर तो उन्हें लगता है
जो ठहरे रहते हैं।
जो छूट गया, उसे छोड़ दो।
जो सामने है, उसकी ओर बढ़ो।

इंसान की सबसे बड़ी भूल
बीते हुए को पकड़कर रखना है।

सही मायने में सुकून
सब कुछ पकड़ लेने में नहीं,
बहुत कुछ छोड़ देने में है।

# 33. ज़िंदगी कोई जंग नहीं

हमने
ज़िंदगी को
एक प्रतियोगिता बना दिया है।
किसी से आगे निकलना है,
कुछ साबित करना है,
किसी मुकाम तक
सबसे पहले पहुँचना है।

और इसी दौड़ में
हम भूल जाते हैं कि
ज़िंदगी का उद्देश्य
हर मोड़ पर
विजेता बनना नहीं,
हर मोड़ को जीना है।

पेड़
कभी यह चिंता नहीं करता
कि बगल वाला पेड़
उससे ऊँचा क्यों है।
नदी कभी यह नहीं सोचती
कि उसे समंदर तक
सबसे पहले पहुँचना है।

हर फूल अपनी गति से खिलता है,

अमन तिवारी

सूरज अपने समय पर उगता है,
चाँद अपनी बारी से आता है।
प्रकृति में कहीं भी होड़ नहीं है।

शायद इंसान का दुःख भी
यहीं से शुरू होता है
जब वह जीने से ज़्यादा
तुलना करने लगता है।

ज़िंदगी
कोई जंग नहीं है,
कि हर हाल में
जीतना ज़रूरी हो जाए।

# 34. देर से खिलने वाला फूल

गुलाब कभी यह नहीं सोचता
कि उसे कमल जैसा होना चाहिए,
चमेली कभी परेशान नहीं होती
कि वह सूरजमुखी जैसी क्यों नहीं है।

कुछ फूल बसंत में खिलते हैं,
कुछ बरसात का इंतज़ार करते हैं,
कुछ तपती धूप में भी मुस्कुरा देते हैं,
और कुछ रात के अँधेरे में महकते हैं।

लेकिन कोई भी फूल
दूसरे के समय से ईर्ष्या नहीं करता।
उसे पता होता है कि

उसका मौसम अलग है, उसकी गति अलग है,
उसकी ख़ुशबू अलग है।

जीवन भी ऐसा ही है।
किसी को मंज़िल जल्दी मिल जाती है,
कोई थोड़ी देर से खिलता है,
कोई बीस की उम्र में पहचान पा लेता है,
तो कोई चालीस की उम्र में खुद को खोजता है।
पर देर से खिलने वाला फूल
कम सुंदर नहीं होता।

# 35. वक़्त

वक़्त को आमंत्रण की
आवश्यकता नहीं
उसे मेहनत की आवाज़
सुनाई देती है।
वो सपनों पर नहीं,
कदमों पर भरोसा करता है।

वक़्त
शब्दों से प्रभावित नहीं होता,
वह प्रयासों की भाषा समझता है।
उसे इरादों से ज़्यादा
निरंतरता पसंद है।

उसे फ़र्क नहीं पड़ता
कि तुमने कितने ख़्वाब देखे हैं,
वो तो यह देखता है
कि उन ख़्वाबों के लिए तुमने
कितनी दूर चलना सीखा है।

# 36. पतझड

पेड जानता है
कुछ चीज़ों को खोए बिना
कुछ नया संभव नहीं।
वह बिना शिकायत
अपने पत्तों को जाने देता है ।

क्योंकि उसे भरोसा होता है
कि इस विदाई के बाद
एक नई बहार भी आएगी।

# 37. रिक्तता

भरे हुए हाथ
नई चीज़ें
नहीं पकड़ सकते,
और भरा हुआ मन
नई समझ को
जगह नहीं दे सकता।

कभी कभी
बढ़ने के लिए
कुछ आदतें
छोड़नी पड़ती हैं,
कोई डर,
कुछ बहाने,
और कभी-कभी
खुद के बारे में
बनाई हुई धारणाएँ।

# 38. दीपक

दीपक ने
कभी यह शिकायत नहीं की
कि उसकी लौ छोटी है

ना ही
कभी दीपक ने
खुद को सूरज से आंका
वह जहाँ भी रखा गया,
वहाँ अंधेरे से
लड़ता रहा।

उसे बस
इतना पता था कि
उजाला आकार से नहीं,
स्वभाव से होता है।

अंधेरे को
कोसने से बेहतर है,
जितनी सामर्थ्य हो
उतना प्रकाश बन जाओ।

# 39. अनावश्यक

पेड़ की हर बढ़ती शाखा
उसकी प्रगति नहीं होती,
और हर कटती शाखा
उसकी हानि नहीं होती।

कभी-कभी विकास का अर्थ
कुछ नया जोड़ना नहीं,
कुछ अनावश्यक हटाना भी होता है।

बिना छँटाई के
पेड़ बड़ा तो हो सकता है,
पर अपने सर्वश्रेष्ठ रूप में
नहीं आ सकता।

# 40. चार लोग

"चार लोग क्या कहेंगे?"

"चार लोग!"

"कौन चार लोग?"

बात सुनने में अच्छी लगती है,
आज़ादी का एहसास भी देती है।

सच है...
हर वक़्त
समाज के डर में जीना
ठीक नहीं,
हर फ़ैसला
दूसरों की राय पर
लेना भी ठीक नहीं।

मगर एक सच और भी है...

इंसान अकेला नहीं जीता
उसकी हँसी के गवाह भी लोग होते हैं,
उसके आँसुओं के हमराज़ भी लोग होते हैं।
गिराने वाले भी लोग होते हैं और
गिरने पर हाथ बढ़ाने वाले भी लोग होते हैं।

किसी की दुआओं में हमारा नाम होता है,
किसी की चिंता में हमारा हिस्सा होता है,
किसी की यादों में हमारी जगह होती है।
और अंत में कंधा देने वाले भी चार लोग होते हैं।

बात "चार लोगों" की नहीं है,
बात है सही दायरे की

न तो इतना डरो
कि अपनी ज़िंदगी जीना भूल जाओ,
और न इतने बेपरवाह हो जाओ
कि रिश्तों का मूल्य ही भूल जाओ।

समाज की हर बात सही नहीं होती,
मगर समाज पूरी तरह ग़लत भी नहीं होता।

इंसान एक पेड़ नहीं,
जो अकेला खड़ा रह सके।
वह तो एक जंगल का हिस्सा है,
जहाँ हर पेड़
किसी न किसी जड़ से जुड़ा होता है।

# 41. छप्पन भोग

इंसान सिर्फ़
रोटी से नहीं जीता,
वह अपनापन भी खाता है।

हर इंसान को चाहिए
कुछ अपनेपन के कौर
कुछ ऐसे लोग
जिनकी बातों में हो
बाजरे की रोटी सी सादगी,
ताज़े मक्खन की सी नरमी,
और गुड़ सी मिठास।

जिनके शब्दों में हो
अपनेपन का ज़ायका,
जो हाल पूछें तो मन भर आए,
और जिनके साथ बैठकर
सूखी रोटी भी दावत लगने लगे।

इंसान परोसा गया भाव भी खाता है,
स्नेह भी खाता है,
और उन रिश्तों को भी जीता है
जो एक थाली के आसपास बैठकर
धीरे-धीरे पकते हैं।

# 42. झूला

कभी हालात हमें पीछे धकेलते हैं,
कभी सपने अधूरे रह जाते हैं,
कभी लगता है कि जो पाया था,
वह भी हाथ से फिसल रहा है।

कई बार जीवन
हमें रोक नहीं रहा होता,
वह हमें अगली उड़ान के लिए
वेग दे रहा होता है।

हर बार पीछे जाना
हार नहीं होता।
कई बार पीछे जाना भी
आगे बढ़ने की तैयारी होती है।

झूला जितना पीछे जाता है,
उतनी ही ऊँची उड़ान भरता है।

# 43. तैरना

जैसा सब कर रहे हैं, वैसा कर लो।
जिधर भीड़ जा रही है, उधर चल दो।
बहाव के साथ बहना आसान है
मगर अपनी राह चुनना,
अपने सपनों पर टिके रहना,
अपने विश्वास के साथ खड़े रहना
चुनौती पूर्ण है

मंज़िल तक वही पहुँचते हैं,
जो बहाव की तेज़ धारा के सामने
अपनी दिशा नहीं खोते।
बह जाना आसान है,
मगर तैरकर आगे बढ़ना
जीवन की सबसे सुंदर कला है।

# 44. संघर्ष

खुशियों की चमक
दुःखों की पृष्ठभूमि से आती है,
और सफलता का स्वाद
संघर्षों के मसालों से बनता है।

कुछ कठिन मौसम झेलने होते हैं
इंद्रधनुष की चाह में
चाँद भी शायद इतना प्यारा न लगे,
अगर उसके पीछे अँधेरा न हो।

# 45. हार

बीज बो दिया है मैंने,
अब उगेगा या नहीं,
ये मेरे हाथ में कहाँ।
कौन जानता है?
मिट्टी में रोपे गये
बीज का भविष्य।

उग भी गया तो
नाज़ुक-सा अंकुर
हर ठोकर
सह पाएगा या नहीं,
कौन जाने?

मौसम की मार रास्ते में
उसे रोक भी सकती है।

क्या पता
मौसम उसे
अपनाएँगे या आज़माएँगे?

कौन जाने?
उसकी शाखों पर फल लगेंगे या नहीं,
और लग भी जाएँ तो पकने तक की राह
बहुत लंबी होती है।

एक आँधी,
एक बेमौसम बारिश,
या पक्षियों का झुंड,
सालों की मेहनत
पलों में ले जा सकता है।

फिर भी मैं बीज बोता हूँ,
हर बार, बार-बार।
क्योंकि हार
फल न मिलने में नहीं होती,
हार तो उस दिन होती है
जब डर के कारण
कोई बीज ही न बोया जाए।

# 46. अब आगे क्या?

जिस शिखर को देखकर
सारी उम्र चल रहे थे,
वहाँ पहुँचकर पता चलता है,
सफ़र खत्म नहीं हुआ।

मंज़िल मिली,
पर रास्ते नहीं रुके,
सपना पूरा हुआ,
पर आँखों ने सपने देखना
नहीं छोड़ा।

तालियाँ कुछ देर गूँजती हैं,
फिर खामोश हो जाती हैं,
और उस खामोशी में
एक नया प्रश्न
जन्म लेता है
"अब आगे क्या?"

जीत के उस पार भी
एक और क्षितिज
खड़ा होता है।
जिसे पाने की चाह
फिर कदमों को बुलाती है।

शिखर पर
पहुँचा तो जाना,
पर्वत खत्म हुआ है,
प्यास नहीं।

जो चाहा था,
मिल गया,
पर चाहने की आदत
अब भी बाकी है।

सफलता
कोई अंतिम सत्य नहीं,
वह तो बस एक दरवाज़ा है,
जिसके उस पार खड़ा जीवन
मुस्कुराकर पूछता है

"अब आगे क्या?"

# 47. कैद

हर बंधन कैद नहीं होता।
कुछ बंधन दिशा होते हैं।
कुछ संबंध ऐसे होते हैं
जो हमारे पंख नहीं काटते,
बल्कि हमें बिखरने से बचाते हैं।

कुछ बंधन ऐसे भी होते हैं
जो रोकते नहीं,
संभालते हैं।

वे छीनते नहीं,
सहेजते हैं।

वे कैद नहीं करते,
अर्थ देते हैं।

पतंग की मुक्ति
डोर टूटने में नहीं,
डोर से जुडे रहते हुए
आकाश को छू लेने में है।

# 48. यादों की थाली

इंसान उम्र भर
न जाने कितने व्यंजन चखता है,
कितनी ही दावतों में शामिल होता है,
कितनी ही थालियाँ उसके सामने सजती हैं।

मगर वक़्त बीत जाने के बाद
उसे व्यंजन कम याद रहते हैं,

उसे याद रहता है
किसने परोसा था,
और किसकी बातों में
घर जैसा स्वाद था।

उसे याद रहता है
वो आग्रह "थोड़ा और ले लो..."
याद रह जाता है
थाली में परोसा गया स्नेह,
और वो अपनापन
जो किसी मसाले से नहीं बनता।

कुछ शानदार दावतें भी
अगले ही दिन भुला दी जाती हैं।
और कुछ दावतों का नमक
सदा को स्मृति में उतर जाता है।

# 49. जब कुआँ चलकर आया

जब राहें धुंधली पड़ जाती हैं,
कदम थककर रुक जाते हैं,
उम्मीद का आख़िरी दीपक भी
टिमटिमाने लगता है,
तभी कहीं से एक रोशनी आती है।
निराशा के बीच
अचानक कोई अवसर सामने आ जाता है,
टूटते हुए मन को
कहीं से सहारा मिल जाता है।
किसी अजनबी के शब्द
अपने जैसे लगने लगते हैं,
बंद दरवाज़ों के बीच
एक खिड़की खुल जाती है,
जब सारी गणनाएँ हार मान लेती हैं
और फिर भी कुछ अच्छा हो जाता है।
तब लगता है
शायद हर बार प्यासे को
कुएँ तक नहीं जाना पड़ता।
कभी कभी कुंआ भी
प्यासे को तलाश लेता है।

# 50. हारना भी ज़रूरी है

हर इच्छा पूरी हो जाए,
तो धैर्य कौन सिखाएगा?
हर दरवाज़ा खुल जाए,
तो दस्तक देने का हुनर
कहाँ से आएगा?

हर लड़ाई जीत ली जाए,
तो अपनी कमज़ोरियों से
मुलाक़ात कैसे होगी?

कभी-कभी हारना ज़रूरी होता है,
ताकि हम समझ सकें कि
ज़िंदगी सिर्फ़
हमारे हिसाब से नहीं चलती।

कुछ मंज़िलें छूट जाती हैं,
ताकि हम बेहतर रास्ते चुन सकें।

कुछ लोग बिछड़ जाते हैं,
ताकि हम अपने भीतर लौट सकें।

कुछ सपने टूट जाते हैं,
ताकि आँखें हक़ीक़त को भी देख सकें।

हार का दुख कुछ समय का होता है,
मगर हार से मिली सीख
पूरी उम्र साथ चलती है।
कुछ हारें रास्ता बदलने आती हैं,
कुछ हारें नज़रिया बदलने,
और कुछ हारें
हमें हमसे मिलाने आती हैं।

कभी-कभी हारना ज़रूरी होता है

# 51. हार के बाद

वहाँ प्रश्न उठते हैं,
वहाँ आत्ममंथन होता है,
वहाँ इंसान पहली बार
खुद से ईमानदारी से बात करता है।

जीत के बाद
अक्सर जश्न मनाया जाता है,
मगर हार के बाद
मन के भीतर एक सभा बैठती है।

हार के बाद भूल दिखती है
हार के बाद चूक दिखती है
हार के बाद ही हमें अपनी
कमियाँ दिखाई दे पाती हैं।

हार के बाद ही हम बेहतर बनते हैं।

# 52. हार का उपहार

हमें हार से कम,
उस आईने से ज़्यादा डर लगता है
जो हार हमारे सामने रख देती है।

जीत पर कोई प्रश्न नहीं पूछता
तालियाँ सवाल नहीं करतीं
मगर हार चुपचाप बैठकर
हर परत खोल देती है।

हार पूछती है- क्या तैयारी पूरी थी?
क्या मेहनत उतनी थी जितना दावा था?

जितनी बातें थीं?
हार हमारे बनाए हुए
सारे भ्रम तोड़ कर रख देती है।

हार मिलती है तो
हमें खुद को देखना पड़ता है।
कि हम कहां स्वयं को
ज़रूरत से ज़्यादा समझ बैठे थे।

# 53. कितना ज़रुरी है

वर्षा जीवन देती है,
मगर अति हो जाए तो बाढ़
कम हो जाए तो सूखा

धूप से अन्न पकता है,
मगर अधिकता और कमी
फसल के लिए दोनों ठीक नही

नमक स्वाद बढ़ाता है,
मगर उसकी अधिकता और कमी
दोनों ही पूरे भोजन का
स्वाद बिगाड़ सकती है।

प्रेम भी ऐसा ही है,
जब तक उसमें स्वतंत्रता है
वह सुंदर है,
मगर जब वह अधिकार बन जाए,
तो घुटन देने लगता है।

आत्मविश्वास की कमी
आगे बढने से रोकती है और
आत्मविश्वास की अति अहंकार बन जाती है।

शायद मौन से सुंदर कुछ नही

पर मौन ही दूरियां पैदा कर सकता है
और सिर्फ बोलते रहने से
हम सुनना ही भूल जाते हैं।

सीखने की भूख नहीं रहती
जब प्रशंसा ज़्यादा हो जाए
और ना हो तो खुद पर सवाल उठता है
अपना किया शंका के कटघरे में दिखाई देता है।

जीवन का सौंदर्य
किसी चीज़ की अधिकता या कमी में नहीं,
हर अच्छी चीज़, अति या कमी में जाकर
अच्छी नहीं रह जाती।

जीवन में संतुलन तब ही है
जब हम इस बात को समझने लगते हैं
कब रुकना है,
क्या कितना ज़रुरी है

# 54. वृक्ष का सफ़र

जिसे आज तुम वृक्ष कहते हो,
वो कभी इतना नाज़ुक था
कि एक पैर की आहट से भी सहम जाता था।

कभी पानी कम मिला,
कभी धूप ज़्यादा मिली,
कभी जानवरों ने रौंदा,
कभी डालियाँ ही टूट गईं।

हर बारिश इम्तिहान थी
और हर बार हवा का झोंका
उसका मित्र न था।

पर वृक्ष यूँ ही वृक्ष नहीं बनते,
उन्हें बरसों तक मौसमों के कटघरे में
खुद को निर्दोष साबित करना पड़ता है।

अंकुर से वृक्ष होने का सफ़र,
ऊँचा होने से ज़्यादा, टूट-टूटकर भी
हर हाल में खड़ा रहने का सफ़र है।

# 55. संघर्ष

जब भी किसी की सफलता देखो,
तो उसके संघर्ष की कल्पना करना।
उन दिनों की,
जब कोई विश्वास नहीं करता था।
उन रातों की,
जब परिणाम नहीं,
सिर्फ़ प्रयास साथ होते थे।

# 56. बुराई का प्रभाव

एक अच्छा इंसान
बनने के लिए
धैर्य चाहिए,
संस्कार चाहिए,
संयम चाहिए।

मगर बिगड़ने के लिए
कई बार
एक बुरी आदत,
एक गलत संगति,
या अनियंत्रित अहंकार ही
काफ़ी होता है।

एक व्यक्ति का
सज्जन बनना
उसका अपना संघर्ष है,
मगर
एक व्यक्ति का बिगड़ना
सिर्फ़ उसका
निजी मामला नहीं होता।

एक व्यक्ति का सुधरना
शायद दुनिया न बदल पाए,
मगर एक व्यक्ति का बिगड़ना

कई ज़िंदगियों को
प्रभावित करता है।

जंगल में सैकडो नए पेड
क्यों न उग जाएं
एक पेड़ को
बड़ा होने और बनने में
सालों लग जाते हैं।

किसी एक पेड के ऊगने से
जंगल पर फर्क पडे ना पडे,
किसी एक पेड के कटने से
जंगल पर फर्क पडे ना पडे,
मगर
जंगल के एक पेड में
लगी आग से
पूरे जंगल पर फर्क पडता है।

अच्छाई का प्रभाव अक्सर
धीरे-धीरे बढ़ता है,
मगर बुराई का प्रभाव
बहुत तेज़ी से फैलता है।

# 57. सुंदर तस्वीर

सिर्फ़ उजाले ही सब कुछ नही
थोड़े अँधेरे भी ज़रूरी होते हैं
रोशनी की कीमत समझने के लिए।

सिर्फ़ खुशियों से कहानी नहीं बनती,
कुछ दुख भी ज़रूरी होते हैं
भावनाओं को गहराई देने के लिए।

सिर्फ़ जीत से व्यक्तित्व नहीं बनता,
कुछ हारें भी ज़रूरी होती हैं
कमियां गिनाने के लिए।

इंद्रधनुष एक रंग से नहीं बनता,
संगीत एक स्वर से नहीं बनता,
और जीवन एक अनुभव से नहीं बनता।

चित्र सिर्फ़ एक रंग से नहीं बनता,
कुछ हल्के और गहरे रंग ज़रूरी होते हैं
सुंदर तस्वीर बनाने के लिए।

# 58. तालियाँ

लोग सफलता देखते हैं,
मगर वे नहीं देखते
वे रातें जो जागकर बिताईं गईं,
वे असफलताएँ जो अकेले सही गईं,
वे ताने जो मुस्कुराकर सुने गए,
और वे ठोकरें
जिन्होंने उसके कदम मज़बूत किए।
दुनिया अक्सर मंज़िल देखती है,
सफ़र नहीं।
तालियाँ परिणाम को मिलती हैं,
संघर्ष को नहीं।

# 59. यातनाएँ

जो किनारे बैठा रहे,
उसे लहरों की चोट कहाँ लगेगी?
जो उड़ने का प्रयास ही न करे,
उसे गिरने का भय कहाँ होगा?

जो बीज बाहर आना चाहता है,
वही मिट्टी चीरने का साहस करेगा।
जो नदी समंदर तक पहुँचना चाहती है,
वही चट्टानों से टकराएगी।

स्थिर खड़े पत्थरों को
सफ़र की थकान नहीं होती।
यातनाएँ उन्हीं के हिस्से आती हैं
जो यत्न करते हैं।

# 60. विश्वास

चहकने लगती है चिड़िया भोर होते ही।
जैसे उसे सूरज के आने की ख़बर
सबसे पहले मिल जाती हो
या मानो उसे पता हो
कि उजाला रास्ते में है।

वह सूरज के निकलने का
इंतज़ार नहीं करती,
वह पहली किरण से पहले ही
गाना शुरू कर देती है।

उसकी चहचहाहट
सिर्फ़ आवाज़ नहीं,
उम्मीद का ऐलान होती है।

रात चाहे कितनी भी लंबी रही हो,
लेकिन सुबह फिर भी आती है
ये उसे पता है ।

विश्वास हमेशा
प्रमाण के बाद नहीं आता,
कई बार विश्वास ही
प्रमाण से पहले जन्म लेता है।

# 61. नक्शे के अनुसार

कभी योजनाएँ
बिखर जाती हैं,
कभी रास्ते बंद हो जाते हैं,
कभी इतनी धुंध छा जाती है कि
आगे का मार्ग ही
दिखाई नहीं देता।

लगता है जैसे सब रुक गया हो,
जैसे हम पीछे छूट गए हों।

पर कई बार नदी को भी
समुद्र तक पहुँचने के लिए
अपना मार्ग बदलना पड़ता है।
तीर को भी आगे जाने से पहले
पीछे आना पडता है।

जीवन का अर्थ
सिर्फ़
आगे बढ़ना नहीं है,
सही दिशा में बढ़ना है।
और कई बार
सही दिशा पाने के लिए
दिशा बदलनी भी
पड़ती है।

कई बार
आगे बढ़ने के लिए
पीछे हटना पड़ता है।

कई बार
खोना पड़ता है
ताकि कुछ बेहतर
पाया जा सके।

जीवन हमेशा
नक्शे के अनुसार नहीं चलता।

# 62. छुक-छुक

रेल की छुक-छुक में
कुछ तो है...
जो बरसों बाद भी
स्मृतियों की पटरियों पर
सुनाई देता है।

खिड़की से टिककर बैठा यात्री
जब दूर भागते खेतों को देखता है,
सरसों की पीली चादर,
पेड़ों की उल्टी दौड़,
नदियां, पर्वत, पहाड
पगडंडियों को देखता है
तब
रेल की छुक-छुक
सिर्फ़
ध्वनि नहीं रहती,
वह सफ़र का
संगीत बन जाती है।
मानो सफ़र स्वयं
कोई गीत गा रहा हो।
ऐसा लगता है मानो
रेल नहीं चल रही,
समय चल रहा हो।

जिस छुक-छुक में
यात्री को इतना आनंद
सुनाई देता है,
वह दरअसल
लोहे का गीत नहीं,
लोहे का श्रम होता है ,
लोहे की पीडा होती है।

वह पहियों की थकान है,
इंजन की अनवरत साँसें है,
लगातार चलते रहने का मूल्य है।

यात्री को
जो लोरी लगती है,
वह रेलगाड़ी का परिश्रम है।

दूसरों की ऊँचाईयां देखने वाले,
उनके भीतर चल रही
छुक-छुक को नहीं सुनते।

लोग अक्सर
मुकाम देखते हैं,
मगर उन पटरियों को नहीं
जिन पर"
घिस-घिसकर
वे वहाँ तक पहुँचे हैं।

किसी की
मुस्कान के पीछे,

किसी की
सफलता के पीछे,
किसी की चमक के पीछे,
एक अदृश्य
छुक-छुक चलती रहती है।

दिन-रात।

चुपचाप।

बिना शोर मचाए।

# 63. बंधन

वह ऊँचाइयों में थी,
बादलों के पास,
हवाओं से
संवाद करती हुई।
हवा की उँगलियाँ थामे
धीरे-धीरे
ऊपर उठ रही थी।

कभी दाएँ झुकती,
कभी बाएँ मुड़ती,
कभी एकाएक
ऊँची छलाँग लगाती,
तो कभी ठहरकर
आकाश की
विशालता को निहारती।

उसकी चाल में
एक चंचलता थी,
जैसे कोई बच्चा
खुले मैदान में दौड़ रहा हो।

हवा उसे छूती थी,
सूरज उसे रंगता था,
और दूर खड़े लोग

उसकी उड़ान को देखकर
प्रसन्न हो उठते थे।

उस क्षण ऐसा लगता था
मानो पतंग से अधिक स्वतंत्र
इस संसार में कुछ भी नहीं।

वह धरती से बहुत दूर थी,
पेड़ों से ऊँची,
छतों से ऊपर,
और मनुष्य की पहुँच से परे।

मैंने सोचा,
कितनी स्वतंत्र होगी यह!
मगर तभी...
नज़र ज़रा और गहरी हुई।

तो दिखा,
उसकी सारी उड़ान के बीच
एक पतली सी डोर थी।
इतनी पतली
कि दूर से दिखाई भी न दे,
पर इतनी महत्वपूर्ण कि
उसके बिना पूरी
उड़ान ही संभव न थी।

वह डोर
उसे रोक नहीं रही थी,
वह उसे संभाल रही थी।

वह उसे नीचे नहीं
खींच रही थी,
वह उसे बिखरने से
बचा रही थी।

उसी बंधन के कारण
वह आकाश में टिक पाई थी।
डोर टूट जाती,
तो वह और ऊपर नहीं जाती,
वह बह जाती
हवाओं की इच्छानुसार

कई बार
जिसे हम बंधन समझते हैं,
वही हमारी सबसे बड़ी
स्वतंत्रता का कारण होता है।

# 64. फूल

पूरा उपवन उसके पक्ष में
खड़ा दिखाई देता है,
फूल जब खिलता है।

हवा उसकी सुगंध को
दूर-दूर तक ले जाती है,
भँवरे उसके गीत गाते हैं,
और लोग कहते हैं "कितना सुंदर फूल है!"

लोग उसके रंगों की प्रशंसा करते हैं,
उसे तस्वीरों में सहेजते हैं।
लेकिन वही फूल
एक दिन मुरझाता भी है।
उसकी पंखुड़ियाँ झरती हैं,
उसका रंग फीका पड़ता है,

तब किसी को यह कहते नहीं सुना
"फूल कितने सुंदर ढंग से मुरझाया।"

संसार फूल की यात्रा की बात
नही करता,
और ना ही करना चाहता
संसार को खिलना प्रिय है,
ढलना नहीं।

# 65. आईना

वह चेहरे पर उभरी
हर रेखा दिखा देता है,
बालों में उतरती
सफ़ेदी भी नहीं छिपाता,

आँखों की थकान,
होंठों की मुस्कान,
सब वैसा ही लौटा देता है
जैसा उसके सामने रखा गया हो।

अजीब बात है
एक आदमी टूट रहा होता है,
और आईना कहता है
"सब ठीक है।"

आईना चेहरा दिखाता है,
भीतर के तूफ़ान नहीं।
वह आँखें दिखाता है,
पर उनमें दबे हुए
बरसों के इंतज़ार नहीं।

वह मुस्कान दिखाता है,
पर उसके पीछे छिपी हुई
उदासी नहीं।

वह कंधे दिखाता है,
पर उन पर रखे हुए
कई सारे बोझ नहीं।

वह हाथ दिखाता है,
पर उन हाथों से किया गया
श्रम नही।

आईना सिर्फ
आदमी दिखाता है,
उसकी कहानी नहीं।

# 66. तिरस्कार

मंच सजा है,
रोशनी जल रही है,
और मैं खड़ा हूँ।
एक कठपुतली की तरह।
मेरी डोरें किसी और के हाथ में नहीं,
पर फिर भी कोई मुझे चला रहा है।

शायद शब्द,
शायद नज़रें,
या फिर लोगों के चेहरे पर जमी
वह हल्की सी मुस्कान,
जिसे तिरस्कार कहते हैं।

कभी कोई बिना बोले
मुझे छोटा कर देता है,
कभी कोई हँसकर
मेरी ऊँचाई गिरा देता है,
और मैं
अंदर ही अंदर
टूटता चला जाता हूँ।

इस कठपुतली को
हर कोई छू नहीं रहा होता,
फिर भी यह हिलती रहती है।

मैं सोचता हूँ
क्या मैं सच में छोटा हूँ?
या मुझे छोटा महसूस कराया गया है?

असल में
तिरस्कार
कोई व्यक्ति नहीं करता,
वह एक वातावरण होता है।
जहाँ किसी की सफलता
किसी और के लिए
असहज हो जाती है,
जहाँ किसी की चमक
किसी और की आँखों में
चुभने लगती है।

जब इस कठपुतली को
समझ आया
जिस मंच पर उसे
हिलाया जा रहा था,
उसने
उसे अपनी रीढ़
पहचानने का मौका दिया है।

जो कठपुतली
अपनी डोर पहचान ले,
वह कठपुतली नहीं रहती।
वह स्वयं मंच बन जाती है।

# 67. चोट

हथौड़ा जब चोट करता है,
तो आवाज़ होती है
टकराहट साफ़ सुनाई देती है।
घाव दिखता है,
रक्त बोलता है,
और दर्द को नाम मिल जाता है।

पर शब्द...
शब्द तो चुपचाप
चोट करते हैं।
ना कोई धमक,
ना कोई आवाज़,
बस एक वाक्य
और भीतर कुछ टूट जाता है।
यह चोट भीतर उतरती है,
यादों में बैठ जाती है,
और समय के साथ भी
पूरी तरह नहीं मिटती।

शब्दों से टूटा हुआ आत्मविश्वास
शब्दों का दिया हुआ घाव
हर रोज़ रिसता रहता है
थोड़ा-थोड़ा

# 68. मसखरा

उसका चेहरा रंगों से भरा है,
पर भीतर कोई रंग स्थिर नहीं।

होंठों पर हँसी है,
जैसे किसी ने उसे
हँसना सिखा दिया हो
जन्म से पहले ही।

वह गिरता है
तो भी तालियाँ बजती हैं,
वह टूटता है
तो भी लोग हँसते हैं।
वह रोना चाहता है
तो चेहरे पर और रंग लगा लेता है,

वह थक जाता है
तो अपनी ही हँसी में
और ज़ोर डाल देता है।

क्योंकि उसे
दर्द दिखाने की इजाज़त नहीं
उसे सिर्फ़
दर्द छिपाने का हुनर मिला है।

# 69. डोर

हम चलते हैं,
हँसते हैं,
फैसले लेते हैं
और धीरे-धीरे
उसी दिशा में मुड़ जाते हैं
जिसका आदेश
कभी दिया ही नहीं गया था।

डोरें अक्सर
शोर नहीं करतीं।
वे चुपचाप
हमपर नियंत्रण करती हैं

कभी आदतों के नाम पर,
कभी डर के नाम पर,
कभी "यही सही है"
के विश्वास के नाम पर।

कभी वह
सोच बन जाती है,
कभी परंपरा,
कभी भीड़ की राय,
और कभी
अपना ही डर।

हम सोचते हैं
हम चल रहे हैं,
पर कई बार
हम केवल
चलाए जा रहे होते हैं।

और हमें यह भी पता नहीं होता
कि हम किसी डोर से जुड़े हैं।

# 70. धोखा

हर बार
सच बाहर नहीं खोता,
कई बार
वह भीतर दब जाता है।
और धीरे-धीरे
तुम उसे देखना
छोड़ देते हो,
सुनना छोड़ देते हो।

कई बार
कोई और तुम्हें इतना नहीं तोड़ता
जितना कि तुम खुद को
हर रोज़ थोड़ा-थोड़ा
बचाते-बचाते तोड़ देते हो।

खुद से नजरें चुराना,
खुद को दिया
सबसे बडा धोखा है।

# 71. सतत

कंधों पर कुछ सपने थे,
जेब में कुछ उम्मीदें,
और मन में
एक विश्वास।

शुरुआत में
कई कदम मेरे साथ चले।
किसी ने हौसला दिया,
किसी ने दिशा,
मगर रास्ते लंबे थे।

धूप बढ़ती गई,
मोड़ आते गए,
और एक-एक करके
कई कदम पीछे छूट गए।

कुछ लोग थक गए,
कुछ व्यस्त हो गए,
कुछ ने राह बदल ली।

एक पल को
सब व्यर्थ सा लगा।
मैं भी सही गलत के
बीच फंस गया।

तभी एक विचार
मानस पटल पर दाखिल हुआ।
क्या सफ़र भीड़ से तय होता है?
क्या मंज़िल तक पहुँचने के लिए
हर समय किसी का साथ ज़रूरी है?

उसी समय
सामने एक नदी दिखी।
वह अकेली बह रही थी।
न कोई उसके साथ चल रहा था,
न कोई उसका हाथ थामे था।
फिर भी वह
पहाड़ों से निकलकर
समुद्र की ओर बढ़े जा रही थी।

हवा मिली।
वह भी अकेली थी।
फूलों को महकाती,
बादलों को उड़ाती,
अपनी राह पर चली जा रही थी।

मैंने रुककर
अपने सपनों की ओर देखा।
वे अब भी वहीं थे।
उतने ही सच्चे,
उतने ही अपने।
उतने ही पक्के,
उतने ही खूबसूरत।

अमन तिवारी

उस क्षण
मैनें तय किया
मैं आगे बढ़ूँगा।
धूप साथ दे या न दे,
छाँव साथ दे या न दे,
लोग साथ रहें या न रहें
मैं अपने कदमों का साथ
नहीं छोड़ूँगा।
क्योकि
मंज़िल तक
सिर्फ वे नहीं पहुँचते
जिनके साथ
सबसे ज़्यादा लोग होते हैं।

मंज़िल तक वे भी पहुँचते हैं
जो रास्ता खाली हो जाने पर भी
चलना नहीं छोड़ते।

# 72. प्यास

रेगिस्तान में खड़े होकर
नदी की चर्चा करने से
प्यास नहीं बुझती।
चित्र में बने कुएँ से
जल नहीं मिलता।

मरीचिकाओं से,
कल्पनाओं से,
और न ही केवल बातों से
प्यास बुझती है।

प्यास तो केवल पानी से ही मिटती है।
सम्मान की प्यास को
चापलूसी नहीं भर सकती।
ज्ञान की प्यास को
अहंकार नहीं भर सकता।

मन की प्यास को
भीड़ नहीं भर सकती।
और सपनों की प्यास को
कल्पनाएँ नहीं भर सकतीं।

हर अभाव का
अपना एक विषेश स्रोत होता है।

# 73. प्रतीक्षा

समंदर ने
कभी नदियों के पीछे
दौड़ना नहीं सीखा।
वह अपने किनारे छोड़कर
नदियों तक नहीं गया।
वह अपनी विशालता में
ठहरा रहता है।
उसने बस
अपने भीतर गहराई बढ़ाई।

उसे मालूम है
बारिश होगी,
झरने फूटेंगे,
नदियाँ बहेंगी,
घाटियों से गुज़रेंगी,
और अंततः
मैदानों को सींचते हुए,
उसी की ओर चली आएँगी।

उसे पता था,
हर बूँद की
एक यात्रा होती है,
हर धारा की
एक दिशा होती है,

और हर दरिया के भाग्य में
समंदर लिखा होता है।
इसलिए
वह प्रतीक्षा करता रहा।

बिना शोर,
बिना पुकार के।

# 74. जो हार गए

इतिहास की किताबें
अक्सर विजेताओं के नाम
याद रखती हैं।

पर उनका क्या?
जो पूरी शक्ति से लड़े,
पूरा मन लगाकर चले,
अपना सर्वस्व
दाँव पर लगा दिया,
और फिर भी हार गए।

मैं उनके लिए
सम्मान महसूस करता हूँ।
क्योंकि वे जानते हैं
कि मैदान में उतरना
क्या होता है।

वे जानते हैं
कि सपनों के लिए
कीमत चुकाना क्या होता है।

वे जानते हैं
उपहास,
अस्वीकृति,

संदेह
और अकेलेपन के बीच भी
चलते रहना क्या होता है।

दुनिया,
विजेताओं की
जय-जयकार
करती रहे,
मुझे कोई आपत्ति नहीं।

पर कभी समय मिले,
तो उन लोगों के लिए भी
दो क्षण मौन रखना,
जो पूरी ताकत से लड़े,
पूरी निष्ठा से चले,
और फिर भी हार गए।

# 75. हार का बोझ

हार का सबसे
भारी बोझ
हार नहीं होती।

हार का सबसे
भारी बोझ
लोगों की
निगाहें होती हैं।

हार केवल
परिणाम नहीं लाती,
वह प्रश्न भी लाती है
और
जो हार जाता है,
उसे उत्तर
स्वयं खोजने पड़ते हैं।

# 76. शिखर

पर्वत की चोटी पर
खड़ा व्यक्ति
अचानक वहाँ नहीं पहुँचता।

उसके पैरों में
पगडंडियों की धूल होती है,
उन रास्तों की स्मृतियाँ होती हैं
जिन्हें उसने कई बार
भटककर पाया था।

घुटनों पर
गिरने के निशान होते हैं,
और साँसों में
सिर्फ़ हवा नहीं होती,
हजारों प्रयासों की
कहानी होती है।

जब कोई परिणाम
दिखाई नहीं देता था।

# 77. संकल्प

कुछ लोग
फल चाहते हैं,
पर जड़ें नहीं बनना चाहते।

वे ऊँचाई चाहते हैं,
पर चढ़ाई नहीं चाहते।

वे सम्मान चाहते हैं,
पर साधना नहीं चाहते।

जबकि जीवन में
इच्छाओं से नहीं,
प्रयासों से रास्ते खुलते हैं।

यहाँ सपनों से नहीं,
संकल्पों से मंज़िलें मिलती हैं।

# 78. समय

समय
बहुत न्यायप्रिय है।
वह किसी की
कामना नहीं देखता,
वह केवल
कर्म देखता है।

# 79. साधना

जब भी किसी वृक्ष पर फल देखो,
तो उसकी शाखाओं की नहीं,
उसकी जड़ों की कल्पना करना।

उन जड़ों की,
जो कभी ताली नहीं पातीं,
जो धरती के अँधेरे में रहकर भी
पूरा जीवन वृक्ष को सींचती रहती हैं।

फल तो दिखाई देते हैं,
पर मिट्टी के भीतर दबी
जड़ो की साधना
हमें नही दिखाई देती।

जो दिखाई देता है,
वह अक्सर उसी का परिणाम होता है
जो दिखाई नहीं देता।

# 80. डर

एक चिड़िया थी।
उसके पंख स्वस्थ थे,
आकाश खुला था,
हवाएँ भी उसके पक्ष में थीं।

फिर भी
वह उड़ नहीं रही थी।
उसे डर था
कि कहीं गिर न जाए।
कहीं दिशा न भटक जाए।
कहीं तूफ़ान न आ जाए।
और इसी डर में
वह डाल पर बैठी रही।

दिन बीत गए।
ऋतुएँ बदल गईं।
आकाश ने कई बार
उसे पुकारा।
पर वह सुरक्षित रही।

इतनी सुरक्षित
कि उसने उड़ना ही छोड़ दिया।

# 81. सुरक्षित कारागार

कुछ लोग स्वयं ही
अपने भय के
पहरेदार बन जाते हैं।

हार के डर से
वे पहला कदम
नहीं उठाते।

ठुकराए जाने के डर से
वे अपने मन की बात
होंठों तक नहीं आने देते।

और उपहास के भय से
अपने सबसे सुंदर सपनों को
अँधेरे में छिपाकर रखते हैं।

धीरे-धीरे
वे एक ऐसा घर बना लेते हैं
जिसकी दीवारें
पत्थर की नहीं,
आशंकाओं की होती हैं।

जिसकी खिड़कियाँ
खुलती नहीं,

और जिसके दरवाज़ों पर
संदेह के ताले लगे होते हैं।

वहाँ कोई
आँधी नहीं पहुँचती,
कोई जोखिम नहीं आता,
कोई चोट नहीं लगती।

पर वहाँ
कोई नई दिशा भी
जन्म नहीं लेती,
कोई क्षितिज
नहीं खुलता,
कोई सपना
उड़ान नहीं भरता।

वह कमरा
सुरक्षित तो होता है,
मगर फिर भी
उससे ज्यादा घुटन
और कहीं नही।

# 82. योग्यता

जीवन में
अवसरों को पकड़ने से पहले
योग्यता को पकडना होता है।
फूल मधुमक्खियों तक
नहीं जाता।
मधुमक्खियाँ स्वयं,
उस तक पहुँच जाती हैं।

अंधकार में,
दीपक बस खुद को जलाता है
और
धीरे-धीरे
दूर भटकते पंख
उसकी ओर मुड़ने लगते हैं।

समंदर भी जानता है,
कि दरिया ख़ुद चलकर आएगा।
चंदन को महकने के लिए
किसी इत्र की आवश्यकता नही होती
योग्यता निमंत्रण नहीं भेजती,
उसकी उपस्थिति ही पर्याप्त होती है।

# 83. पुकार

कुछ लोग
सुनने की क्षमता खो चुके होते हैं।
कुछ संबंध
बहुत पहले ही खाली हो चुके होते हैं।
कुछ उम्मीदें
जन्म लेने से पहले ही मर चुकी होती हैं।
पर मनुष्य
आशा के कारण
उनकी देहरी पर बैठा रहता है।
जबकि
समस्या उसकी आवाज़ में नहीं थी।
समस्या यह थी कि
जिस दरवाज़े पर वह पुकार रहा था,
उसके भीतर कोई था ही नहीं।

# 84. जीवन अभी शेष है

हाँ,
संभव है
आज तुम्हारी गति धीमी हो।
संभव है
आज तुम्हारे कदम भारी हों।

संभव है
आज तुम्हारी आँखों में
वह चमक न हो
जिसकी दुनिया आदी थी।
पर इसका अर्थ यह नहीं
कि जीवन तुम्हारे भीतर कम हो गया है।

जो सचमुच जीवित होते हैं,
वे आग की तरह नहीं,
ऋतुओं की तरह होते हैं।
कुछ समय के लिए बदलते हैं,
पर समाप्त नहीं होते।
वे जानते हैं,
जीवन अभी शेष है।

# 85. सूखे फूल

वे फूल
फेंक दिए जाते हैं
जो सूख गए,
जिनकी पंखुड़ियों से
रंग उतर गया,
जिनकी सुगंध
हवाओं को रिझाना
भूल गई।

कल तक
वे मंदिरों की शोभा थे,
किसी के
केशों का श्रृंगार थे,
किसी उत्सव की
मुस्कान थे।

लोग उन्हें
बडी सावधानी से छूते थे,
उनकी प्रशंसा करते थे,

पर
धीरे-धीरे
जब उनका
रंग उतरने लगा,

अमन तिवारी

गंध ने भी
विदा माँग ली।
तब वही फूल
कूड़े की टोकरी में
पहुँचा दिए गए।
उनका किया भुला
दिया गया ।

वे फूल
फेंक दिए जाते हैं ,
जिन्होने
कभी प्रार्थनाओं में
महक घोलने का
काम किया ।

जिन्होने
हमारे कपडो को
इत्र बनकर महकाया
जो चेहरों पर
सिर्फ
मुस्कान छोड़ने आए थे।

फेंक दिए जाते हैं वे फूल,
जो सूख गए,
जिनकी गंध समाप्त हो गई।

# 86. चेहरे

चेहरे बहुत कुछ कहते हैं,
पर सब कुछ नहीं।

कुछ चेहरे मुस्कुराते हैं,
पर भीतर थक जाते हैं।
कुछ चेहरे चुप रहते हैं,
पर भीतर तूफ़ान पलते हैं।

हम समझ लेते हैं इंसान को
उसकी बातों से,
पर भूल जाते हैं
शब्द हमेशा सच नहीं होते।

हर इंसान के भीतर
एक और इंसान रहता है,
जो दुनिया से नहीं,
खुद से लड़ता है।

# 87. गीत गाती चिड़िया

चिड़िया
प्रशंसा पाने के लिए
नहीं गाती,
उसे नहीं मालूम
कि जंगल उसके गीत पर
मुग्ध है या उदासीन।

वह तो बस गाती है,
जैसे फूल खिलते हैं।

मनुष्य ने
हर कर्म के आगे
एक कारण रख छोड़ा है
यश,
प्रतिष्ठा,
पुरस्कार,
स्मरण।
पर प्रकृति के पास
इनमें से कुछ भी नहीं।

सूरज
इसलिए नहीं उगता
कि कोई उसकी
आरती उतारे।

बादल
इसलिए नहीं बरसते
कि कोई धन्यवाद कहे।

चिड़िया
इसलिए नहीं गाती
कि उसका नाम
इतिहास में लिखा जाए।
वह गाती है
क्योंकि उसके भीतर
एक गीत है।

# ४४. श्रम

एक दिन
ऐसा भी आता है
जब आदमी
अपने कंधों से
बोझ नहीं उतारता,
बल्कि बोझ ही
उसके कंधों पर
फूल बनकर खिल उठता है।

उस दिन
घड़ी की सुइयाँ
समय नहीं बतातीं,

वे किसी
प्रिय गीत की ताल पर
धीरे-धीरे झूमती हैं।

वह जो मिट्‌टी खोद रहा है,
उसे नहीं लगता
कि वह श्रम कर रहा है।

वह जो शब्दों को जोड़ रहा है,
उसे नहीं लगता
कि वह कोई रचना गढ़ रहा है।

वह तो बस
अपने भीतर की नव ऋतु का
अनुसरण कर रहा होता है।

वैसे ही कुछ लोग
जीते हैं।
उनके हाथ काम में होते हैं,
पर उनका मन
किसी उत्सव में
शामिल होता है।

उन्हें
याद ही नहीं पड़ता
कि उन्होंने कब
श्रम किया था।

उन्हें तो बस
इतना याद रहता है
कि एक सुबह
उन्होंने अपने हृदय का
दरवाज़ा खोला था।

# 89. ठीक है

कुछ लोग सच नहीं जीते,
बस उसे दिखाते हैं।
कुछ लोग दर्द नहीं बताते,
बस उसे छुपाते हैं।
और हम सोचते हैं
सब कुछ ठीक है।

# 90. बाक़ी

अंधेरों से लड़ने का एक ख़्वाब बाक़ी है,
रास्ते में हौसलों का आफ़ताब बाक़ी है।
हवाएँ लाख कोशिश कर लें हमको तोड़ने की,
हमारी मुट्ठी में तूफ़ानों का हिसाब बाक़ी है।

खुद को खुद ही तराशना होगा,
मुश्किलों से हर बार लड़ना होगा।

ठोकरें तो बस इम्तिहान हैं तेरे जज्बे की,
गिरकर ही तुझे संभलना और चलना होगा।

# अश'आर

हवाओं से कह दो कि अपनी सियासत बदल लें,
हमने बुझने के लिए चिराग़ जलाना नहीं सीखा।

---

हाथों की लकीरें बदल जाती हैं इरादों के आगे,
बैठ कर रोने से कभी कोई सिकंदर नहीं बनता।

---

वक़्त की गर्दिशें हमें क्या ख़ाक झुका पाएँगी,
हम वो चट्टान हैं जो ठोकर से और मज़बूत होते हैं।

---

शिकस्त का कोई ख़ौफ़ अब नहीं रहा दिल में,
हम अपनी हार को भी जीत का सबक़ कहते हैं।

---

ज़िद्द पे आ जाएं तो हम रूठे खुदा को मना लें,
ये मुश्किलें तो फिर भी मिट्टी की दीवारें हैं।

---

अपनी उड़ान का चर्चा हम सरेआम नहीं करते,
जब पर फड़फड़ाते हैं तो आसमान गवाही देता है।

---

वक़्त की बंदिशें तो रोकती हैं कमज़ोरों को,
हम वो परिंदे हैं जो पिंजरा भी उड़ा ले जाएं।

---

अपने टूटे हुए पंखों से ही परवाज़ भरेंगे,
आंधी को बता दो कि हम ज़रा ज़िद्दी परिंदे हैं।

---

ख़ैरात में मिल जाए जो मंज़िल तो ठुकरा दें,
हम अपनी ही मेहनत का मुक़द्दर पसंद करते हैं।

---

सूरज की रोशनी की हमें कोई तलब नहीं,
हम अपने इरादों से ही नया सवेरा करते हैं।

---

वो और होंगे जो घबरा के बैठ जाते हैं,
हम अपनी राख से भी इंक़लाब लाते हैं।

---

हाथ की लकीरें जो कहती हैं , उसे मत सुन,
तू अपनी मेहनत से खुद अपना मुक़द्दर बुन।

---

हौसले दिल में जगाना सीखिए,
हार कर भी मुस्कुराना सीखिए।
रास्ते मुश्किल हैं तो क्या हो गया,
पर्वतों को भी झुकाना सीखिए।

www.ingramcontent.com/pod-product-compliance
Lightning Source LLC
LaVergne TN
LVHW100321210926
848480LV00003B/1213